Cultivar plantas en el espacio

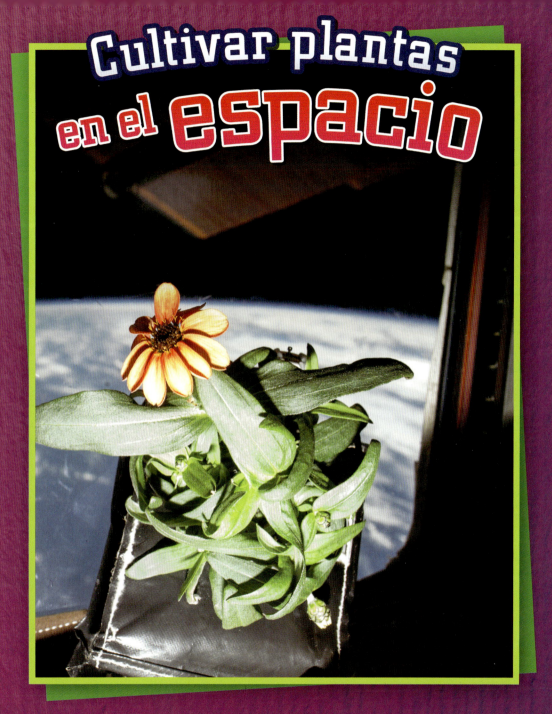

Georgia Beth

© 2020 Smithsonian Institution. El nombre "Smithsonian" y el logo del Smithsonian son marcas registradas de Smithsonian Institution.

Autora contribuyente

Jennifer Lawson

Asesores

Gary Krupnick, Ph.D.
Departamento de Botánica
Ecologista y biólogo evolutivo
National Museum of Natural History

Sharon Banks
Maestra de tercer grado
Escuelas Públicas de Duncan

Créditos de publicación

Rachelle Cracchiolo, M.S.Ed., *Editora comercial*
Conni Medina, M.A.Ed., *Redactora jefa*
Diana Kenney, M.A.Ed., NBCT, *Directora de contenido*
Véronique Bos, *Directora creativa*
Robin Erickson, *Directora de arte*
Michelle Jovin, M.A., *Editora asociada*
Caroline Gasca, M.S.Ed., *Editora superior*
Mindy Duits, *Diseñadora gráfica superior*
Walter Mladina, *Investigador de fotografía*
Smithsonian Science Education Center

Créditos de imágenes: portada, pág.1, págs.8–9 (todas), págs.10–11, pág.12 (inferior), pág.14 (inferior), págs.15–19 (todas), pág.20, pág.21 (superior), pág.23 (todas), pág.27 (superior) NASA; págs.2–3 NASA/Cory Huston; pág.5 (superior) Ju Huanzong Xinhua News Agency/Newscom; pág.10 (inferior) NASA/Bill White; págs.12–13 University of Arizona; pág.27 (inferior) NASA/Aubrey Gemignani; todas las demás imágenes cortesía de iStock y/o Shutterstock.

Library of Congress Cataloging-in-Publication Data
Names: Beth, Georgia, author.
Title: Cultivar plantas en el espacio / Georgia Beth, Smithsonian Institution.
Other titles: Growing plants in space. Spanish
Description: Huntington Beach : Teacher Created Materials, 2020. | Includes index. | Audience: Grades 2-3
Identifiers: LCCN 2019047651 (print) | LCCN 2019047652 (ebook) | ISBN 9780743926461 (paperback) | ISBN 9780743926614 (ebook)
Subjects: LCSH: Plants--Effect of space flight on--Juvenile literature. | Plants, Cultivated--Juvenile literature. | Outer space--Juvenile literature.
Classification: LCC QK760 .B4718 2020 (print) | LCC QK760 (ebook) | DDC 580--dc23

© 2020 Smithsonian Institution. El nombre "Smithsonian" y el logo del Smithsonian son marcas registradas de Smithsonian Institution.

Teacher Created Materials

5301 Oceanus Drive
Huntington Beach, CA 92649-1030
www.tcmpub.com
ISBN 978-0-7439-2646-1
©2020 Teacher Created Materials, Inc.
Printed in Malaysia
Thumbprints.25941

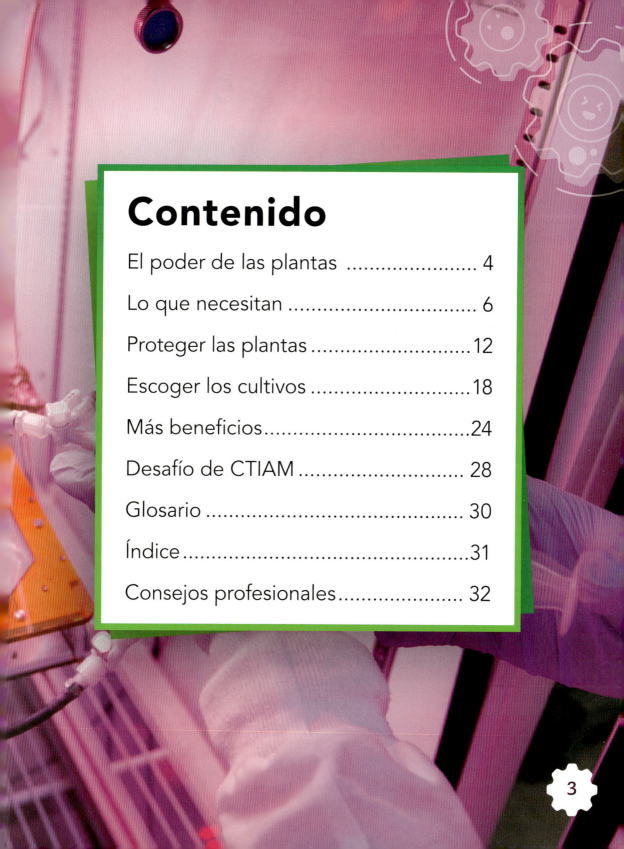

Contenido

El poder de las plantas 4
Lo que necesitan 6
Proteger las plantas 12
Escoger los cultivos 18
Más beneficios.................................24
Desafío de CTIAM 28
Glosario 30
Índice 31
Consejos profesionales..................... 32

El poder de las plantas

¿Comerías alimentos producidos en el espacio? Tanto en la Tierra como en un planeta lejano, las personas necesitan alimento para sobrevivir.

Los científicos esperan que las personas puedan vivir en otro planeta algún día. Pero el agua y los alimentos que necesitaría un planeta entero serían demasiado pesados para enviarlos en una nave espacial. Por eso, los científicos estudian la manera de **cultivar** plantas en el espacio.

Algún día, las granjas espaciales nos ayudarán a vivir en otros planetas. Nos permitirán hacer viajes a lugares muy lejanos. Hasta podrían hacernos sentir como en casa en un planeta extraño.

Todos los **agricultores** espaciales también son astronautas. Reciben una preparación adicional para cultivar plantas en el espacio.

Una científica cultiva plantas en un laboratorio de la Tierra que tiene las mismas condiciones que hay en el espacio.

5

Lo que necesitan

Las plantas necesitan agua, luz, tierra y aire para crecer. Esto es así tanto en la Tierra como en el espacio. Pero puede ser difícil conseguir esos **recursos** en el espacio. Por eso, los científicos buscan nuevas maneras de darles a las plantas lo que necesitan.

Agua

Las plantas y los seres humanos pueden tener sed en el espacio. El agua es demasiado pesada para llevarla en grandes cantidades en una nave espacial. Y puede ser difícil de hallar en el espacio. Los científicos también han aprendido que en el espacio las plantas crecen más rápido cuando reciben más agua. Por lo tanto, los **ingenieros** buscan diseñar soluciones para el problema del agua.

Luz

Lejos del Sol, el espacio es un lugar muy oscuro. Las tormentas de polvo pueden bloquear la luz. Es posible que las plantas no reciban suficiente luz en el espacio. Como consecuencia, podrían morir.

Las plantas también pueden recibir demasiada luz en el espacio. En la Tierra, la **atmósfera** protege a las plantas para que no reciban todos los rayos solares. Pero, en el espacio, la luz solar intensa puede dañarlas. Algunos agricultores espaciales usan la luz solar en la medida justa. Otros usan lámparas. Necesitan la cantidad correcta de luz para ayudar a las plantas a crecer en un lugar tan extraño.

El agricultor espacial Joe Acaba observa cómo crece la lechuga bajo una lámpara.

Esta ilustración muestra cómo podría ser la agricultura espacial en Marte.

Estas hojas de repollo crecen bajo una lámpara en el espacio.

Tierra y aire

Algunos agricultores espaciales cultivan plantas en un gel con **nutrientes** en lugar de en la tierra. También siembran plantas en bandejas con piedras.

En el espacio, las plantas crecen en la misma dirección que en la Tierra. La parte de arriba se estira en busca de aire. Las raíces crecen hacia abajo en busca de agua y nutrientes.

Cuando los astronautas comen plantas, toman los nutrientes de las plantas. Esos nutrientes ayudan a los astronautas a estar sanos.

El agricultor espacial Oscar Monje mide las piedras que se usarán para cultivar plantas.

Los agricultores espaciales comenzaron a cultivar estas plantas en 2015.

Proteger las plantas

Las plantas han crecido en la Tierra por muchos años. Han hallado maneras increíbles de sobrevivir. Pero no es tan fácil lejos de casa.

Para ayudar a las plantas a crecer en el espacio, los ingenieros han construido **invernaderos** especiales. Algunos son largos. Otros son muy altos. Algunos se abren durante el día para que entre la luz solar. Luego, se cierran por la noche para mantener el calor. Unos sensores, o alarmas, avisan a la Tierra cuando algo está mal. Entonces, los científicos que están en la Tierra les dicen a los astronautas dónde está el problema. Esto les permite actuar rápido para cuidar a las plantas.

La agricultora espacial Peggy Whitson muestra el repollo que cultivó en un invernadero espacial.

Tecnología e ingeniería

Diseños para Marte

Los ingenieros han construido un invernadero para ayudar a las plantas a crecer en Marte. El invernadero tiene lados curvos como un cilindro. Los lados curvos hacen que sea más fuerte. Adentro hay hileras largas de plantas y también hay luces que las ayudan a crecer.

Los científicos están buscando otras maneras de proteger las plantas en el espacio. Una manera es hallar en la Tierra suelo que se parezca al de otros planetas. Los científicos siembran plantas en cada tipo de suelo. Quieren saber qué cultivos crecen mejor en cada suelo.

Los científicos esperan poder enviar a Marte invernaderos pequeños. Los invernaderos tendrán aire y semillas de la Tierra. Los astronautas tratarán de cultivar las semillas en el espacio usando aire de la Tierra. ¡Esas plantas serán la primera forma de vida terrestre en vivir, crecer y morir en otro planeta!

El agricultor espacial T. J. Creamer compara sus píceas con otras cultivadas en la Tierra.

Esta ilustración muestra cómo podría ser en el futuro el cultivo de plantas en otros planetas.

15

Una vez que las plantas han crecido en el espacio, los científicos se fijan si es seguro comerlas. Para eso, cultivan en la Tierra las mismas plantas que se cultivaron en el espacio. Cuando los astronautas vuelven a casa, llevan consigo las plantas espaciales. Los científicos que están en la Tierra comparan las plantas.

Con los años, los científicos comprobaron que es seguro comer plantas cultivadas en el espacio. En 2015, un grupo de astronautas se acercaron flotando a la mesa. ¡Era un día emocionante! Iban a comer por primera vez plantas cultivadas en el espacio. Primero, comieron lechuga sola. Luego, le agregaron aceite de oliva y vinagre. ¡Comieron una ensalada espacial!

El agricultor espacial Steve Swanson comprueba la salud de su lechuga.

Los agricultores espaciales Kjell Lindgren y Scott Kelly prueban su lechuga.

El agricultor espacial Shane Kimbrough limpia unas hojas de lechuga con paños para eliminar los gérmenes.

Escoger los cultivos

La ensalada espacial fue todo un éxito. Los científicos demostraron que podían cultivar plantas en el espacio. Decidieron probar con otros cultivos. Ahora se cultivan chícharos, trigo y rábanos, entre otros. Esos cultivos están en la Estación Espacial Internacional (EEI). Están en el "huerto espacial". Los astronautas de la EEI son de distintos países. Pero todos trabajan juntos para cuidar las plantas espaciales.

Ciencias

Crecer con menos gravedad

En la Tierra, la **gravedad** impide que las cosas se alejen flotando. Pero en el espacio, hay menos gravedad que atraiga las cosas hacia abajo. Por eso, en el espacio las plantas pueden crecer más que en la Tierra. En el espacio, los científicos tienen que asegurarse de que las plantas tengan suficiente lugar para crecer.

Karen Nyberg analiza las plantas de los agricultores japoneses en la EEI.

Esta lechuga se cultivó en el "huerto espacial" de la EEI.

Los científicos ahora quieren cultivar **tubérculos**, como la papa y el ñame, en el espacio. Las partes comestibles de los tubérculos crecen bajo tierra. Los tubérculos necesitan menos luz para crecer. Eso ayuda a ahorrar recursos en el espacio. Los tubérculos también tienen ojos, o yemas, que funcionan como semillas. Los ojos se pueden sembrar para obtener más plantas.

Cultivar plantas en el espacio es una gran tarea. No alcanza con llevar plantas al espacio. Los científicos tampoco pueden cultivar plantas y comerlas todas juntas. Deben cultivar suficientes plantas para que siempre haya mucha comida.

ARTE

Estrés en el espacio

Los astronautas de la EEI cultivan una planta llamada oruga. Los científicos han modificado la planta para que brille en la oscuridad cuando está estresada. Normalmente, hay que cortar y abrir las plantas para saber cómo reaccionan a vivir en el espacio. Ahora, ¡basta con apagar la luz! Si la planta brilla con un color verde, está estresada. Si la planta no se ve en la oscuridad, quiere decir que no brilla y no está estresada.

Unos científicos cultivaron estas papas rojas en la Tierra para estudiar cómo crecerían los tubérculos en el espacio.

Los astronautas deben asegurarse de que tienen suficiente comida en el espacio. Para eso, tienen que planificar sus comidas. También deben cuidar cuándo **cosechan** los cultivos. Si se comen todo de una vez, no tendrán comida en el futuro. Entonces, usan un proceso llamado cosecha escalonada.

Con la cosecha escalonada, los agricultores espaciales cosechan la mitad de los cultivos. Guardan la otra mitad para después. Cuando llegue el momento de comer el resto de los cultivos, las plantas habrán crecido más.

Matemáticas

Planificar

Los astronautas necesitan saber cuánto tiempo pasarán en el espacio. También necesitan saber cuánto tardan los cultivos en crecer. Por último, necesitan saber cuántas personas comerán. Usan todos esos números para calcular cuánta comida pueden comer por día.

La agricultora espacial Peggy Whitson usa el proceso de cosecha escalonada.

La científica Nicole Dufour observa a Whitson desde la Tierra.

Más beneficios

Las plantas son importantes para la salud de los astronautas. Pero en el espacio las plantas cumplen otras funciones. Producen un gas llamado oxígeno, que las personas necesitan para respirar. Las plantas también toman dióxido de carbono del aire. Este gas puede ser dañino para los seres humanos. Por suerte, las plantas lo necesitan para producir su alimento.

Las plantas también ayudan a las personas a relajarse. Los científicos han descubierto que a las personas les gusta pasar tiempo en lugares verdes. Eso ayuda a mejorar el ánimo. Por eso, los huertos espaciales ayudan a que las personas estén felices y saludables.

Una niña planta verduras en un huerto.

Los científicos creen que si existieran árboles en otros planetas serían rojos, azules, amarillos, morados o negros. El color dependería del tipo de sol de cada planeta.

La agricultura espacial es importante para los viajes espaciales. Pero también está cambiando la vida en nuestro planeta. En la Tierra, los agricultores pueden aprender a cultivar plantas en espacios pequeños. Y los agricultores espaciales han aprendido a cultivar plantas en condiciones extremas. ¡A medida que los agricultores espaciales aprendan más, también aprenderán los agricultores que están en la Tierra!

Todavía hay mucho por aprender. Cultivar plantas en el espacio es, por ahora, la semilla de una idea. El futuro tiene reservadas para los seres humanos —y para las plantas— más formas de crecer en la Tierra, en el espacio y más allá.

El agricultor espacial Norishige Kanai sostiene unas plantas de trigo cultivadas en la EEI.

Científicos y estudiantes plantan lechuga en la Tierra para compararla con la lechuga cultivada en el espacio.

27

DESAFÍO DE CTIAM

Define el problema

El futuro de los viajes espaciales depende de que se puedan cultivar plantas en el espacio. Un grupo de científicos te ha contratado para diseñar y construir un invernadero para Marte.

 Limitaciones: Tu invernadero debe medir entre 30 y 45 centímetros (12 a 18 pulgadas) de ancho y de altura.

 Criterios: Tu invernadero debe poder agrandarse y achicarse para ahorrar espacio. Debe ser estable cuando está extendido al máximo.

1. Investiga y piensa ideas

¿Por qué tu invernadero debe poder achicarse? ¿Cuál sería la mejor forma para tu invernadero?

2. Diseña y construye

Bosqueja tu invernadero. Rotula las partes. ¿Qué propósito cumple cada parte? ¿Cuáles son los materiales que mejor funcionarán? Construye el invernadero.

3. Prueba y mejora

Agranda tu invernadero al máximo. ¿Es estable? ¿Cómo puedes mejorarlo? Mejora tu diseño y vuelve a intentarlo.

4. Reflexiona y comparte

¿Funcionaría tu invernadero si tuviera una forma diferente? ¿Cómo cambiarías tu diseño si pudieras usar otros materiales? ¿Cómo podrías agregar tecnología a tu diseño?

Glosario

agricultores: personas que se dedican a sembrar plantas

atmósfera: el aire que rodea a la Tierra

cosechan: recogen las plantas que sembraron

cultivar: criar plantas para alimentarse, para venderlas o para estudiarlas

gravedad: la fuerza que hace que las cosas se muevan hacia el suelo o se caigan al suelo

ingenieros: personas que usan la ciencia para diseñar soluciones a los problemas o las necesidades

invernaderos: edificios con paredes transparentes o con techo transparente que se usan para cultivar plantas

nutrientes: sustancias que las plantas, las personas y los animales necesitan para vivir y crecer

recursos: cosas útiles o importantes

tubérculos: tallos cortos y gruesos que forman parte de algunas plantas, como las papas, que crecen bajo tierra

Índice

agua, 4, 6–7, 10

aire, 6–7, 10, 14, 24

dióxido de carbono, 24

Estación Espacial Internacional (EEI), 18–20, 27

gravedad, 18

invernaderos, 12–14

luz, 6–8, 13, 20

Marte, 9, 13–14

nutrientes, 10

oxígeno, 24

suelo, 14

tierra, 6–7, 10

Consejos profesionales
del Smithsonian

¿Quieres ser agricultor espacial? Estos son algunos consejos para empezar.

"La mejor manera de aprender sobre las plantas es dar un paseo por un parque o un jardín. Averigua qué necesitan las plantas para vivir y crecer".
—*Gary Krupnick, biólogo especialista en conservación*

"Me gusta trabajar al aire libre, resolver problemas y cuidar las plantas de mi huerto. Si eso te parece divertido, haz tu propio huerto. ¡Algún día, tal vez seas la primera persona en tener un huerto en otro planeta!".
—*Cynthia Brown, directora de colecciones y servicios educativos*